रिदम - ए - अलफ़ाज़

A WORLD OF POETRIES

रिदमदीप

ISBN 979-888555518-0

समर्पण

प्रकृति (Nature)

जो सदैव मेरे साथ रही और रहेगी...

क्रम-सूची

क्रम-सूची

1. प्यार पाकीज़ा

कुछ अनकही सी बात
कुछ अनकहे जज़्बात
इक उलझी हुई पहेली
इक अंधेरी सी रात

रात में नमी
इक छुभती हुई कमी
एहसास प्यार का
इंतज़ार यार का

यार रूठा हुआ
प्यार पाकीज़ा
दिल कुछ बेचैन सा
अखियों को ना चैन सा

बेताब सी हवाएँ
मेहताब में दिखती सूरत
हल्का हल्का सा सुरूर
बेज़ुबां इश्क की नूरत

2. ख्वाब मेरे

किन्ने सारे ख्वाब ने मेरे
किन्ने पूरे होए ने
किन्ने बस कोई अथरु बन
अखियाँ विच मेरी रोए ने

कुज अटक गए कुज भटक गए
मंज़िलाँ नू गल नाल लौन लई
कुज चुप कर गे हुन बोलन ना
हुन याद ओहना दी औन लग्गी

कुज सड़ गए ने कुज मर वी गए
कुज सोचाँ विच ओह ज़िंदा नें
कुज हाले वी बस तड़प रहे
कोई दीद अनोखी पौन लई

मिटे हनेरे हो गए पूरे
कुज दिल मेरे विच धड़क रहे
कुज गरम हवावाँ दे विच बैठे
सीने मेरे भड़क रहे

किन्ने सारे ख्वाब ने मेरे
किन्ने पूरे होए ने
किन्ने बस कोई अथरु बन
अखियाँ विच मेरी रोए ने

3. 84

हाँ मै इक सरदार हुँ
मज़लूमों का परिवार हूँ
तेरा सब से प्यारा यार हूँ
दिल्ली मैं तेरा प्यार हूँ

हर कदम कदम पर साथ दिया
अपनेपन का एहसास दिया
खुद प्यासे जलती सड़कों पे
तेरी प्यास बुझा कर साँस लिया

हाँ दिल्ली मै तेरा हूँ
ढलती शाम में इक सवेरा हूँ
तूने डंडों से मुझे मार दिया
बस दिल्ली मैं हार गया

जिन हाथों से तेरा पेट भरा
उन हाथों को तूने तोड़ दिया
खून से लथपथ जिस्मों को
तूने यूँ सड़कों पर छोड़ दिया

आग से सीना बाल दिया
फ़िर भी हर दुख यूँ टाल दिया
हाँ तड़प तड़प कर रोया मै
बस दिल्ली मै हार गया

4. दास्तान - ए - जन्नत

उन हवाओं से मिलकर आया हूँ
उन फ़िज़ाओं से खिलकर आया हूँ
दिल में मेरी भी जगह रखना
उन खुदाओं से कह कर आया हूँ

प्यार भरा क्या मंज़र था
प्यार भरा क्या आशियाँ
खुद खुदा की रहमत में
सिमट रही थी दास्तान

ऊँची इक उड़ान भरी थी
ख्वाईशों के अमबर में
डूब रहा था हर मंज़र
पाक प्यार के दरिया में

चल दिया अब मीलों दूर
छूट रहा ये आसमाँ
गा रहा है मन मेरा
आखरी ये दास्तान

उन हवाओं से मिलकर आया हूँ
उन फ़िज़ाओं से खिलकर आया हूँ
दिल में मेरी भी जगह रखना
उन खुदाओं से कह कर आया हूँ

5. दाता

तू क्यूँ इतना घबराता है
तेरे साथ में तेरा दाता है
तू क्यूँ इतना कतराता है
वो इक इक पाठ पढ़ाता है

तू क्यूँ अपना दिल हार गया
क्यूँ अपने आप को मार गया
दुनिया की खोटी बातों पे
क्यूँ अपने सपने वार गया

तू चलता चल ना रुकियो अब
ना मुश्किल आगे झुकियो अब
वो बेड़ा पार लगाएगा
सुख दुख में साथ निभाएगा

बस निकल जा अपनी कश्ती में
मत देख क्या होता बस्ती में
सपनों का सूरज निकलेगा
पतवार चला तू मस्ती में

तू क्यूँ इतना घबराता है
तेरे साथ में तेरा दाता है
तू क्यूँ इतना कतराता है
वो इक इक पाठ पढ़ाता है

6. खिलौना

क्या मै एक खिलौना हूँ
जब चाहा मुझको तोड़ दिया
जब चाहा तब मुख मोड़ लिया
जब चाहा रिशता जोड़ लिया

क्या मै एक खिलौना हूँ
जब चाहा मुझको दबा दिया
जब चाहा मुझको भगा दिया
जब चाहा सीने लगा लिया

क्या मै एक खिलौना हूँ
जब चाहा दिल में बसा लिया
जब चाहा तुमने फ़सा लिया
जब चाहा रूह में रसा लिया

क्या मै एक खिलौना हूँ
जब चाहा मुझको गिरा दिया
जब चाहा तक्किया बना लिया
जब चाहा मुझको सजा लिया

❦❦❦❦

हाँ मै थोड़ा पागल हूँ
बिन बारिश का मै बादल हूँ
पर दिल मेरा सब सहता है
हर पल ये मन बस कहता है

❦❦❦❦

क्या मै एक खिलौना हूँ
जब चाहा मुझको तोड़ दिया
जब चाहा तब मुख मोड़ लिया
जब चाहा रिशता जोड़ लिया
क्या मै एक खिलौना हूँ

7. 2020

कभी दर्द नही समझा तूने
उन भोले बेज़ुबानों का
कभी दर्द नही समझा तूने
उन फ़ूल सी कोमल जानों का

अपना पेट भरा तूने
किसी और पेट को काट के
हँसता रहा तू ऐ इंसान
किसी और की खुशियाँ छाँट के

याद है नन्हे जिस्मों पे
तूने कितना अत्याचार किया
तन कि भूख मिटाई फ़िर
कुत्तों की तरहँ वार किया

जो बोल ना पाते उनको तूने
जीना क्या था भुला दिया
जो रो ना पाते उनको तूने
अंदर अंदर रुला दिया

जब चीख के सृष्टि कहती थी
तू सुधर जा वरना देख लियो
जब चीख के पर्वत कहते थे
मै रो दूँ गा मत काट मुझे

जब खुद खुदा भी कहता था
तू बस कर अब ना बाँट मुझे

आज बंद है तू इन ढब्बों में
और तरस रहा है अपनों को
और तड़प रहा है अंदर अंदर
देख टूटते सपनों को

कर खौंफ़ खुदाई ताकत का
सुधर जा अब भी वक्त बचा
शायद इक मौका फ़िर मिले
हम जैसे हैवानों को
हम जैसे शैतानों को
हम जैसे बेईमानों को

शायद इक मौका फ़िर मिले
हम जैसे इंसानों को

८. कहर खुदाई

कुदरत ने तक खेड रचाया
सब नूँ फ़ड़ के अंदर पाया
हिंदु, मुस्लिम, सिख, इसाई
याद कराती सब नूँ खुदाई

ऐसा मंज़र कोई ना होया
मंदिर मस्जिद बंद सब होया
बस रह गई इक ओहदी खुमारी
तकदी रह गई दुनिया सारी

नशे शराबाँ बंद ने ठेके
कोई वी धी ना आवे पेके
शहर जिवें शमशान है बनेया
होली की रमदान ना मनेया

ऐसा बाबा वक्त दिखाया
कुदरत दा एहसास कराया
कदर करो जो चीज़ बनाई
बंदेया तूँ ओहदी कदर ना पाई

❧❧❧

शायद मिले तैनु फ़िर इक मौका
देवीं ना ओहनु फ़ेर तूँ धोखा
प्यार मौहब्बत सब नूँ सिखाईं
नफ़रत दी गल खुंजे लाईं

❧❧❧

आखिर नूँ सब चंगा होना
कम कार सब चलदा होना
भुल्लीं ना बस ओहदी खुदाई
ज़िंदगी दी जिहने रीत चलाई

9. पापा

जब जब खोया मैने आपा
जब जब दुखों का सागर मापा
तब तब मेरा हाथ थाम कर
खड़े रहे तुम ओ मेरे पापा

आँखों में तुम सब पड़ लेते
दिल की बातें यूँ फ़ड़ लेते
कभी ना अपना दर्द बताया
जाने क्या कुछ हुआ छुपाया

लाख हमारे ताने सुन कर
अंदर अंदर रोते हो
कभी कभी बस सुनते हो
कभी आप भी आपा खोते हो

कोई तुम्हे सम्झे ना सम्झे
तुम हर बात समझते हो
खाए दुख या आए आफ़त
तुम हर बार निपटते हो

ये ज़िम्मेदारी काफ़ी भारी
अर्थ पिता का गहरा है
कभी आँच ना आए हम को बस
परिवार पे इनका पहरा है

शायद मैं भी कभी समझूँगा
जो फ़र्ज़ निभाया तुमने है
जो कर्ज़ चुकाया हमने है
जो फ़र्ज़ निभाया तुमने है

10. मंज़िल

कांटों से लथपथ रस्तों में
मुझे महक जीत की आई है
लगता मंज़िल अब दूर नही

किसी रोज़ डूबते सूरज ने
मुझे कल की नज़म सुनाई है
लगता मंज़िल अब दूर नही

बरसों से ठहरी नदियों में
इक लहर खुशी की आई है
लगता मंज़िल अब दूर नही

इक उलझी हुई पहेली थी
जो अब सुलझानी आई है
लगता मंज़िल अब दूर नही

बेचैन से दिल की धड़कन को
अब चैन कहीं से आई है

लगता मंज़िल अब दूर नही

❧❧❧

सपनों की सूखी फ़सलों पे
फ़िर हरियाली छाई है
लगता मंज़िल अब दूर नही

❧❧❧

धूप से तपे बनेरे पे
बारिश ने धूम मचाई है
लगता मंज़िल अब दूर नही

❧❧❧

मै ठहरा हूँ इन रस्तों में
आवाज़ कहीं से आई है
लगता मंज़िल अब दूर नही
लगता मंज़िल अब दूर नही

11. निक्की जही जान

अख्खाँ विच खौरे किन्ने सुप्ने ले आई
बूहे साडे निक्की जही जान अज्ज आई
थोड़ी गुमसुम थोड़ी थोड़ी खोई खोई
ना जाने किन्नी रीझां नाल रब ने बनाई

निक्के निक्के हथ्थाँ विच्च रब नूँ लुकोए
निक्के जेहे दिल विच्च खाब ने पिरोये
गठड़ी प्याराँ वाली बन लै के आई
बूहे साडे निक्की जही जान अज्ज आई

हौली हौली खोले जदों अख्खाँ ऐवें लग्गे
जिवें चिराँ तों सी सुत्ते सारे सुपने ने जग्गे
लगदी कहानी कोई रब ने सुनाई
अरशाँ तो उतरी ते साडी झोली पाई

अज्ज लगदा हवावाँ ने वी जशन मनौना
उच्ची उच्ची पंछियाँ ने गीत कोई गौना
सझ धझ रुख्खाँ ने वी बाग सजौना
किन्ना सोहना लग्गे तेरा ऐस जग उते औना

अख्खाँ विच खौरे किन्ने सुपने ले आई
बूहे साडे निक्की जही जान अज्ज आई

12. जी करदा

कोई थाँ वी नहीं कोई राह वी नहीं
कोई आवे सुख दा साह वी नहीं
कोई अपना नहीं कोई सपना नहीं
कोई जित्त जान दा चाह वी नहीं

कोई बात नहीं कोई साथ नहीं
हँस खेड के बीती रात नहीं
कोई हस्ती नहीं कोई बस्ती नहीं
कुज वध नहीं कोई घाट नहीं

कोई आस नहीं कोई पास नहीं
कोई दिल विच वस्दा खास नहीं
कोई रस्ता नहीं कोई मंज़िल नहीं
कोई खफ़ा नहीं कोई उदास नहीं

जी करदा घोट के पी जावाँ
सब दुख आस दे शर्बत विच्च
दर्दा नू दब के जी जावाँ
किसे रुख पुराने दी जड़ विच्च

13. खत खुदा तक

मै हूँ अभी हैरान सा
मै हूँ अभी बेजान सा
मै थक रहाँ हूँ थक गया
ये लग रहा जहान सा

मै कैद हूँ हवाओं में
ये वक्त की निगाहों में
हुँ सोचता मै कब उड़ुँगा
फ़िर सभी दिशाओं में

हुँ देखता मै दरबदर
क्या है किसी को कुछ खबर
क्या इल्म है हुआ है क्या
क्यूँ थम गई है ये डगर

है कौनसी हुई खता
क्यूँ चुप है तू मेरे खुदा
क्यूँ बुन रहा पहेलियाँ
क्या राज़ है कहीं दबा

मै लिख रहा हूँ खत तुझे
बेबसी की छाँव में
है आस की ये रुत नई
बैठा हूँ नम हवाओं में

14. मैं ते ओह

असी वख होन तों डरदे हाँ
हुन प्यार ही ऐना करदे हाँ
रात हनेरी ठरदे हाँ
इक दूजे नूँ मिस करदे हाँ

ओह धुप विच्च मेरे नाल खड़े
बरसाताँ विच्च मखौल करे
लुकन मचाईयाँ खेड खेड के
दिल मेरे विच्च हौल पवे

कदे दूर किते लुक जांदी है
फ़ेर मुड़ वापस ना आंदी है
मैनु कमली बढ़ा सतांदी है
फ़ेर अख मेरी भर आंदी है

पर ओहियो इक सहारा है
मेरे नाल होर कोई खड़ेया ना
मेरे नाल औख दी पौड़ी ते
ओहदे तों सिवा कोई चढ़ेया ना

भावें हर रुत मुख मोड़ लवे
असी इक-मिक साथ निभाई दा
कोई अमर पुराना रिश्ता है
मैं ते मेरी परछाई दा

15. कूड़े वाला

मुझे कल का कोई सहारा ना
खुश हो के समा गुज़ारा ना
मेरी बस्ती कूड़े नालों की
जहाँ वक्त भी लगे हमारा ना

मै छोटे सपने लेता है
सपनों में ही जी लेता है
छटी बार फ़टी कमीज़ को
मै फ़िर हँस के सी लेता है

कभी मन मेरा भर आता है
क्यूँ बढ़ा लोग सताता है
इक दिन का कचरा साफ़ ना हो
तो गाली हमें सुनाता है

मैं नीच किसम का लोग है ना
और नीच ही मेरा धंधा है
पर कभी ना तुमने सोचा है
मैं भी उस रब का बंदा है

❧❦❧❦❧

महनत तो मैं भी करता है

और कढ़ी धूप में मरता है

पर रोटी एक ही खाता है

गुड़िया को तीन खिलाता है

❧❦❧❦❧

मेरी ईदी देते रहना तुम

मैं भी तो ईद मनाएगा

सुबाह कूड़ा लेने आएगा

गुड़िया को सैर कराएगा

16. परिंदा

ना सपने होते खास मेरे
ना खास वजह कुछ पाने की
ना वक्त सा कोई दरिंदा होता
काश मैं कोई परिंदा होता

ना होती फ़िक्र ज़माने की
ना फ़िक्र कमा कर खाने की
दो दाने चुग कर चैन से सोता
काश मैं कोई परिंदा होता

ना होते धर्म और जात कोई
ना नफ़रत की औकात कोई
इस खुली हवा में ज़िंदा होता
काश मैं कोई परिंदा होता

17. शकसीयत

शकसीयत ओह जो याद रवे
ओहदी जिंदड़ी तों बाद रवे

वैसे ताँ खेड मुकद्दर दे
ओहदे नाल सच्चा यार रवे
प्यार वापार ताँ चलदे रहने
ओह मापेयाँ दा कर्ज़दार रवे

काराँ वाले फ़िरदे बाहले
ओह दिल तों इक फ़कीर होवे
ना वैर करे ना ज़हर भरे
ओह इश्क़ दा सूफ़ी पीर होवे

तस्वीर ओहदी फ़ेर देवे गवाही
सबनां लई इक मिसाल बनें
कर महसूस खुदा नु अपने
ओह पाक इश्क़ दा हाल सुने

शकसीयत ओह जो याद रवे
ओहदी जिंदड़ी तों बाद रवे

18. माँ

माँ तू इतनी भोली है
माँ क्यूँ इतनी भोली है
आसमाँ तेरी झोली है
माँ तू इतनी भोली है

खाबों के पन्नों पे, चुप सी किताबों में
तूने लिखी ये कहानी मेरी
अंधेरी राहों पे, तेरी ही बाहों में
सपनों की दुनिया थी मैने बुनी

लाखों दुखों की तू गोली है

माँ तू इतनी भोली है
माँ क्यूँ इतनी भोली है
आसमाँ तेरी झोली है
माँ तू इतनी भोली है

तुझसे खफ़ा हो के, दिल मेरा रोता है
चुप सारा मंज़र ये लगने लगे
रूह खिल-खिलाती है, जब हँस-हँसाती है
खुशियों से तेरी है खुशियाँ मेरी

❧❧❧

प्यार भरी तेरी बोली है

❧❧❧

माँ तू इतनी भोली है
माँ क्यूँ इतनी भोली है
आसमाँ तेरी झोली है
माँ तू इतनी भोली है

❧❧❧

तेरी ही उँगली पकड़ता था
जब जब इस दुनिया से डरता था
तूने ही थामा था हाथ मेरा

❧❧❧

प्यार भरे रंगों की होली है

❧❧❧

माँ तू इतनी भोली है
माँ क्यूँ इतनी भोली है
आसमाँ तेरी झोली है
माँ तू इतनी भोली है

19. समझ गया

तू यार नही अब पहले जैसा
हाँ मै भी अब समझ गया
तुझे प्यार नही अब पहले जैसा
हाँ मै भी अब समझ गया

वो रात नही अब पहले जैसी
हाँ मै भी अब समझ गया
वो बात नही अब पहले जैसी
हाँ मै भी अब समझ गया

तू कहती थी कहीं जाना ना
मै लौट के वापस आऊँगी
ना आने का तेरा नया बहाना
हाँ मैं भी अब समझ गया

करती थी तू बड़ा दिखावा
हाँ मै भी अब समझ गया
कुछ पलों का था बस साथ निभाना
हाँ मैं भी अब समझ गया

चल छोड़ पुरानी बातों को
अब जला दे मेरी यादों को
राख बनेंगी यादें मेरी
हाँ मैं भी अब समझ गया

20. कुड़ियाँ

कुड़ियाँ खुशियाँ दियाँ पुड़ियाँ
तितली दे वांगु जद उड़ियां
तू दुख कमायेंगा
मितरा बाहला पछ्ताएँगा

रोवेंगा तू कल्ला चुप-चुप
होरां तों चोरी लुक-लुक
मन नूं अपने समझाएँगा
पर चैन कदे ना पाएँगा

तू गम नूं सीने लाएँगा
फ़ेर हार के बस एह गाएँगा
कुड़ियाँ खुशियाँ दियाँ पुड़ियाँ
तितली दे वांगु जद उड़ियां

एहना नूं खेड लैन दे
हर इक दिल दा भेद लैन दे
काहनू तूं लड़दा ऐं
बाद चों आप ही ठरदा ऐं

❦❦❦

रो-रो ऐंवें मन भरदा ऐं
मितरा ऐंवें क्यों करदा ऐं
कुड़ियाँ खुशियाँ दियाँ पुड़ियाँ
तितली दे वांगु जद उड़ियां

रो-रो ऐंवें मन भरदा ऐं
मितरा ऐंवें क्यों करदा ऐं
कुड़ियाँ खुशियाँ दियाँ पुड़ियाँ
तितली दे वांगु जद उड़ियां

21. कुदरत

कदे लगदा हनेरियाँ वी
जित दी काहानी
जो मैं पड़ उच्ची उच्ची
मेरे रब नूँ सुनानी

कदे लगदा तूफ़ानाँ ने वी
इक गल ठानी
असी हारे बंदेयाँ च लाट
जित दी जगानी

कदे लग्गे कायनात जिवें
पाठ पढ़ावे
जिवें माँ बच्चे आपने नूँ
तुरना सिखावे

कदे लग्गे सारे रुख
कोई गीत लग्गे गान
जिवें रल मिल सारे लग्गे
खुशियाँ मनान

कदे चन्न वल वेखां
तारे रोस मनांनदे
कहंदे असी वी ताँ तेरे
सानू पुछदा ए कौन

सारे आपो आपनी ने कदे
तरज़ सुनांदे
कदे लग्गे जिवें सारे मैनूं
गल नाल लांदे

मै वी बस एहना बारे
लिखना सी चांदा
सोचेया के तोहनु
एहसास कराना

के कुदरत साडे
अंग-संग वसदी ए
बिन बोलेयां वी सानू
बाहला कुज दस्दी ए

22. आँखें

आँखें इक दिलकश समंदर
गहरा, नीला, पाक समंदर
जहाँ कहीं भी आँखें जाएँ
आँखों में सब डूबे जाएँ

करती आँखें बड़ा बवाल
पल में कर देती बेहाल
दिल भी धड़के देख के आँखें
चलती आँखें ऐसी चाल

बड़ी सी चौड़ी फ़ूटती आँखें
कभी नरम सी छोटी आँखें
सैंकड़ो बातें कहती आँखें
आँखों के तो बड़े सियापे

बड़ी विशाल सी कैद ये आँखें
कुछ यादों की, कुछ सपनों की
दबे पड़े अरमान जहाँ
वो आँखें रोती अपनों की

आँखों की दुनिया बड़ी रंगीन
आँखों के सब बड़े शौकीन
हो जाएँ जब बंद ये आँखें
आँखों को फिर रुलाती आँखें

23. फुल वरगा खाब

फुल वरगा खाब सजाया मैं
तैनु हर पल नेड़े पाया मैं
तेरे साहाँ दी खुशबोई नूँ
मेरी रूह दे विच वसाया मैं

टाहनी वांग तेरे नाल रेहा
पत्तेयाँ वांग लाड लडाया मैं
इक प्यार भरे मौसम विच तैनूं
भवरे दे वांग चाया मैं

तेरे नाल हवावाँ चंगियाँ ने
एहसास तैनू कराया मैं
कदे बिन बोले, कुज बिन दस्सेयाँ
तैनू हर पल विच हँसाया मैं

फुल वरगा खाब सजाया मैं
तैनु हर पल नेड़े पाया मैं

24. इक तरफ़ा प्यार

ज़रा सी यारी, ज़रा सा ख़ुमार
प्यार भरा, इक तरफ़ा प्यार

ज़रा सा बचपन, ज़रा सी मार
ज़रा सा रोना, ज़रा सा दुलार
प्यार भरा, इक तरफ़ा प्यार

झूठी सारी कसमें झूठी
झूठ दिलों का ये बाज़ार
प्यार भरा, इक तरफ़ा प्यार

धड़के दिल, पकड़े रफ़तार
कभी बेताबी, कभी करार
प्यार भरा, इक तरफ़ा प्यार

मासूम सा, मदहोश सा मंज़र
चार चफ़ेरे रब सा यार

प्यार भरा, इक तरफ़ा प्यार
प्यार भरा, इक तरफ़ा प्यार

प्यार भरा, इक तरफ़ा प्यार
प्यार भरा, इक तरफ़ा प्यार

25. खुदा सा मंज़र

मंज़र ये खुदा सा लगता
जाने क्यूँ अपना सा लगता
नदी पेड़ से प्यार उभरता
जाने क्यूँ सपना सा लगता

पक्षी उड़ उड़ पास जब आते
प्रेम भरे कुछ गीत सुनाते
जन्नत का एहसास कराते
मस्त हवा के झोंके आते

जितनी करूँ तारीफ़ ना रुक्ती
शब्दों में इक प्यास जगाती
पाक इश्क का रूप है दिखता
लहरें उथल पुथल जब आती

क्यूँ कुछ इतना खास सा लगता
क्यूँ खुद खुदा अब पास सा लगता
क्यूँ रहती हर रोज़ खुमारी
क्यूँ गहरा हर साँस सा लगता

❧❧❧

इक दूर इलाही नूर सा चमका
कोई रूहानी आवाज़ सी आई
लगा के जैसे खुद खुश हो कर
रब ने थी रबाब बजाई

❧❧❧

मंज़र ये खुदा सा लगता
जाने क्यूँ अपना सा लगता

26. मेरे वांग चावे

तेरी अखियाँ तो पानी कदे बार ना आवे
मेरे यार तेरा प्यार तैनु छड के ना जावे
तेरा कल्ला कल्ला हासा यारा ओहनु वी हँसावे
तेरा लुक लुक रोना ओहदी जिंद तड़पावे

मंगदा दुआ बस मंगदा दुआ
सच्चा सुच्चा सुपनेयाँ दा महल बनावे
कल्ली कल्ली रीझ तेरे दिल दी बुगावे
काश तेरा प्यार तैनु मेरे वांग चावे

हुन ओहदी हैं अमानत तू मेरी नई होनी
बस बच्चेयाँ दे वांग तैनु लाड लडावे
तेरी जित मूहरे दुनिया नु हरावे
काश तेरा प्यार तैनु मेरे वांग चावे

27. की बनू दुनिया दा

की बनू दुनिया दा
ऐथे कौन मरु अपनेयां लयी

अपना अपना कहंदे सारे
कोई दिलों निभान वाला नयी
कौडी दे भा विक जांदे रिशते
उच्चियाँ लम्मियाँ काराँ लयी

की बनू दुनिया दा
ऐथे कौन मरु अपनेयां लयी

यारी चीज न्यारी सी
हुन करती तुसां तबाह लोकों
दिलां नुं खुंजे ला गए सारे
डुल गए सूरत प्यारियां लयी

की बनू दुनिया दा
ऐथे कौन मरु अपनेयां लयी

❦❦❦

मावाँ थंडियाँ छावाँ हुंदियाँ
कौन करुगा साबत हुन
जद पी के दुद नी सरदा हुन
दिल भजदा हुक्केयाँ बाराँ लयी

❦❦❦

की बनू दुनिया दा
ऐथे कौन मरु अपनेयां लयी

❦❦❦

रोटी दे लई जो धुप च सड़दे
मंगदे भीख रुपईये दी
तू ठोकर मार के लंग जांदा
हाई बूटां वाली ईगो लयी

❦❦❦

की बनू दुनिया दा
ऐथे कौन मरु अपनेयां लयी

❦❦❦

ना कर ऐतबार ना कर प्यार
एह दुनिया खोटे सोने दी
बस उपरों उपरों लशकारे
अंदरों ना कीमत कख्खां दी

❦❦❦

की बनू दुनिया दा
ऐथे कौन मरु अपनेयां लयी

• 51 •

की बनू दुनिया दा
ऐथे कौन मरु अपनेयां लयी

28. चल उठ बंदेया

सपनों पर अपने मोहर लगा दे
चल उठ बंदेया ज़ोर लगा दे
चट्टानों को तोड़ हाथ से
जलता सूरज और लगा दे

शपत ले उठ उन तारों की
चमकेगा तू भी उनके संग
हर कदम कदम पर घोलेगा
आशाओं की इक नई उमंग

रख एक भरोसा मत हट पीछे
क्यूँ घबराता गैरों से
तू देखता चल किस्मत की लहरें
निकलेंगी तेरे पैरों से

हवा में अपना जोश जगा दे
कर कुछ ऐसा होश उड़ा दे
कभी कभी तो मिलता जीवन
उठ हर मंज़िल फ़तेह करा दे

सपनों पर अपने मोहर लगा दे
चल उठ बंदेया ज़ोर लगा दे
चट्टानों को तोड़ हाथ से
जलता सूरज और लगा दे

29. कदे कदे

कदे कदे दिल करदा मेरा
मैं मठ्ठी जही हवा बन जावां
यार मेरे दे सीने लग के
जन्मां दी मैं प्यास बुझावां

कदे पंछियाँ दे वांग उड के
नित ओहदे मैं कोल बै जावां
कह ना सकेया हाले तक जो
बिन बोलेयां सब कह जावां

कदे कदे दिल करदा मेरा
मैं ठंडड़ी जही छाँ बन जावां
धुप विच ओहदे पैरां हेठां
अपने तन नूं आप बिछावां

दिल तां करदा नित सवेरे
सूरज दी पहली किरण बन जावां
रब दे वरगे मुख ओहदे दे
पहले दर्शन मै ही पावां

कदे कदे दिल करदा मेरा
मैं मठ्ठी जही हवा बन जावां

30. ज़हनसीब

ज़हनसीब, आँखें तेरी
जिसे देखती, काबिल हुआ
महफ़ूज़ है, हर शक्स वो
जो व्यर्थ था, कामिल हुआ

ज़हनसीब, फ़ितरत तेरी
जिसे चाहती, वो तर गया
आसान है आफ़त नई
एहसान जो तेरा हुआ

ज़हनसीब, तेरी हँसी
पा ले कली, मुरझाए ना
फ़िर खिल उठे, सूखे पड़े
फ़रमान जो, तेरा हुआ

ज़हनसीब, तेरा नशा
बोतल करे, खुद चल पड़े
तेरी तरफ़, हर शाम में
हर जाम तुझपे मर मिटे

धन्यवाद

अलग सी है शक्सीयत मेरी
अलग ही खुशियाँ बुनता हूँ
किसी और जगत में रहता हूँ
किसी और जगत में जीता हूँ

आपका आभारी
- रिदमदीप